Disney

VAIANA 2

W0277230

hachette
JEUNESSE

Directeur : Timothée Le Mière
Directrice de projet : Adélaïde Lebuy
Directrice artistique : Mélissande Mestas
Édition : Caroline Peronne
Fabrication : Marine Wiplier
Graphiste : Glen Le Boulicaut
Auteur : Suzanne Francis
Illustrations : Disney Storybook Art Team
Adaptation des textes : Emmanuelle Caussé
Mise en page : Paul Bagheri-Poubanne
Relecture : Catherine Rigal

Édité par Hachette Livre - 58, rue Jean-Bleuzen, 92178 Vanves Cedex
Imprimé par Pollina en France - 51184 - Achevé d'imprimer : novembre 2024
ISBN : 978-2-01-726421-7 - Édition : 01 - Dépôt légal : novembre 2024

Loi n°49-956 du 16 juillet 1949 sur les publications destinées à la jeunesse.
Pour tout renseignement concernant nos parutions, nous contacter
par e-mail : disney@hachette-livre.fr

Chapitre 1

UNE DÉCOUVERTE IMPORTANTE

Vaiana, la grande exploratrice, se trouve sur une île loin de chez elle. Elle souffle dans une conque, projetant sa musique au-delà des mers. Immobile, elle tend l'oreille un long moment, avant de se tourner vers ses amis, Pua, le petit cochon, et Heihei, le coq.

– Est-ce que vous entendez quelque chose ? leur demande-t-elle.

Même si elle ne perçoit que le perpétuel bruit des vagues s'échouant sur le sable, la jeune femme est convaincue qu'il existe d'autres peuples que le sien, au loin…

– Un jour, quelqu'un me répondra, espère-t-elle.

Quelques minutes plus tard, elle dévale la colline avec Pua et Heihei. Arrivée en bas, elle remarque que le coq s'est coincé la tête dans un petit vase en argile. Lorsqu'elle s'empare de la poterie, elle n'en croit pas ses yeux. Vite, elle doit partager sa découverte avec les siens !

– Rentrons à la maison, dit-elle à ses amis.

Elle court vers le rivage. L'Océan l'accueille en tourbillonnant autour d'elle tandis qu'elle aide ses animaux compagnons à grimper à bord de sa pirogue.

Au terme d'un long voyage, le trio approche enfin des côtes de Motunui. Vaiana largue la voile et file sur les flots, impatiente de montrer aux villageois le vase qu'elle a trouvé.

Depuis que la jeune femme a restitué le cœur de Te Fiti, l'île est à nouveau verdoyante et prospère. Ses habitants y vivent en parfaite osmose avec la nature.

Chacun occupe une fonction bien précise, correspondant à ses goûts et à ses talents. Ainsi, Moni, le conteur et historien du village, utilise des parchemins pour raconter l'histoire de l'île aux enfants. Ces derniers se rassemblent autour de lui, curieux d'entendre le récit des aventures de Vaiana. Loto conçoit et fabrique les nouvelles pirogues. Habile et créative, elle cherche le moyen d'améliorer les embarcations en les rendant plus rapides. Quant à Kele, le vieux fermier bougon, il s'occupe des plantations tout en ronchonnant.

Dès qu'ils apprennent la nouvelle du retour de Vaiana, les villageois se précipitent sur la plage pour l'accueillir. Le chef Tui et Sina, son épouse, saluent leur fille avec fierté. Soudain, une voix joyeuse retentit :

– Grande sœur !

– Petite sœur ! répond Vaiana à Simea, sa cadette de trois ans, qui bondit dans ses bras.

La jeune femme présente ensuite le vase à Tui.

– Père, il existe d'autres peuples, au large, affirme-t-elle.

Elle désigne le dessin d'une île gravé sur le côté de la poterie.

– Je pense que c'est à cet endroit que je vais les trouver.

Cependant, quand Simea voit le vase, elle n'est pas du tout impressionnée. Après un instant de réflexion, Vaiana trouve comment lui faire comprendre ce que signifie sa découverte.

Elle porte la petite fille et la conduit dans la Caverne des explorateurs. Là, elle lui explique que les gravures sur les parois représentent leur histoire.

Ensemble, les deux sœurs examinent les dessins. L'un d'entre eux est celui de Tautai Vasa, un ancien chef. Son projet était de connecter et relier entre eux tous les peuples des îles.

– En tant qu'exploratrice, c'est mon devoir de finir ce qu'il a commencé, précise Vaiana.

– Tu devrais plutôt demander à Maui de s'en occuper, suggère Simea. Comme ça, tu pourras rester avec MOI !

Vaiana ne peut s'empêcher d'éclater de rire. Elle repense à son ami demi-dieu. Cela fait plusieurs années qu'elle ne l'a pas vu…

Chapitre 2

UN FEU DANS LE CIEL

Loin de là, Maui invoque la demi-déesse Matangi. Quand il fait allusion à Nalo, le dieu des tempêtes, la voix de Matangi s'élève dans la nuit. Elle avertit le demi-dieu : Nalo veut l'anéantir !

– Et ensuite, il la détruira elle aussi, prédit-elle.

– Vaiana n'a rien à voir avec ça, proteste Maui.

Tout à coup, un vol de chauves-souris se disperse, révélant Matangi. Mais dès que le demi-dieu se précipite vers elle, cette dernière s'évanouit. Seule sa voix résonne :

– Maui, tu as fait d'elle une exploratrice. Elle a tout à voir avec ça, désormais !

À Motunui, les habitants célèbrent le retour de Vaiana et son extraordinaire trouvaille. Beaucoup d'enfants sont fascinés par la jeune femme : ils s'habillent et dansent comme elle.

– Vaiana va découvrir les autres peuples, assure l'un de ses admirateurs.

Pendant ce temps, le chef Tui se présente avec sa fille devant les villageois rassemblés.

– Il y a très longtemps, un titre honorifique a été donné au dernier grand explorateur qui avait des rêves aussi ambitieux que les tiens, rappelle-t-il. Plus qu'un chef, il était un Tautai, le guide de la terre et de la mer.

Il demande à Vaiana si elle veut les honorer en acceptant ce titre.

– Montre-nous jusqu'où nous irons, conclut-il.

Émue et fière, la jeune femme accepte.

Alors qu'ils accomplissent le rituel, un orage se forme et un éclair s'abat sur eux. Sous les pieds de Vaiana, le sol se transforme, et elle se retrouve soudain dans une vision.

Elle se tient sur une ancienne pirogue, aux côtés de Tautai Vasa ! La voile de l'embarcation arbore le même dessin que le vase qu'elle a rapporté de son expédition. Le chef exhorte Vaiana à trouver l'île de Motufetù et à réunir tous les peuples.

– Le feu dans le ciel te guidera..., précise-t-il.

Quand Vaiana émerge de sa vision, elle révèle à ses parents qu'elle a reçu une requête de ses ancêtres. Puis elle se rend auprès de Moni afin d'en savoir plus.

Le conteur montre à Vaiana un parchemin avec un dessin d'une île identique à celle de la poterie et de la vision.

– Motufetù, annonce-t-il. Là où les courants de l'océan se rencontrent, reliant entre eux les hommes de la mer. Grâce à sa position centrale, cette île était autrefois le point de ralliement des explorateurs. Hélas, Nalo l'a fait disparaître afin d'empêcher les différents peuples de se rencontrer. En effet, jaloux de leur entente harmonieuse, il a voulu les isoler et les séparer.

Toutefois, Moni révèle à Vaiana que la malédiction lancée par le dieu peut être levée. Pour cela, il faut que quelqu'un retrouve Motufetù et parvienne à y accoster.

Troublée par cette histoire, Vaiana réfléchit en observant le ciel. C'est alors qu'elle aperçoit une comète qui illumine la nuit.

– Un feu dans le ciel..., murmure la jeune femme

en se souvenant des mots de Vasa.

Voilà le signal qu'elle attendait. Elle sait à présent qu'elle doit suivre la comète. Malgré tout, son cœur se serre à l'idée de quitter à nouveau Motunui, car elle ignore tout du périple qui l'attend. La quête de Motufetù pourrait durer le reste de sa vie, sans qu'elle puisse retourner sur son île natale et revoir ses proches.

Chapitre 3

LE DÉPART

Rendue inquiète par toutes ses pensées négatives, Vaiana se réfugie sur la plage. Elle s'interroge sur les conséquences de ce voyage, pour elle, pour sa famille, pour Motunui et son avenir. Lorsqu'une lueur apparaît soudain à l'horizon, Vaiana court dans sa direction.

– Grand-mère ! crie-t-elle.

L'esprit de Tala vient d'apparaître pour conseiller et réconforter sa petite-fille adorée.

– Je ne peux pas voir jusqu'où te mènera ton histoire... mais nous ne cessons jamais de choisir qui nous sommes, lui confie-t-elle.

Le lendemain, Vaiana a pris sa décision. Face aux habitants, elle leur fait part de son projet :

– Ceci est un appel des ancêtres à voyager vers d'autres cieux, dit-elle en désignant la comète. Et à rassembler nos peuples à travers l'océan tout entier !

Applaudie par la foule, la préparation de cette grande expédition peut commencer.

Cependant, tous les villageois ne sont pas aussi enthousiastes. Simea refuse que sa sœur s'en aille.

– Et si tu ne reviens pas ? s'inquiète-t-elle.

Vaiana conduit sa petite sœur sur le rivage et se tient avec elle à l'endroit où les vagues se brisent sur le sable.

– L'Océan est mon ami, lui déclare-t-elle.

Elle s'interrompt et sourit :

– Notre ami... il nous relie. Ainsi, il n'existe aucun lieu, même très éloigné, où je ne serai pas à tes côtés.

Simea glisse alors une étoile de mer dans le collier de sa sœur.

– Pour que tu emportes un petit bout de chez nous, dit-elle.

Après avoir rassemblé ses affaires, Vaiana serre les membres de sa famille contre elle pour leur dire au revoir.

Outre Pua et Heihei, la jeune femme a recruté un équipage qui l'accompagnera dans son périple. Loto s'occupera de la pirogue et Kele veillera à la répartition des vivres. Quant à Moni, il connaît toutes les légendes anciennes, ce qui pourra être utile quand ils vogueront sur des eaux inconnues.

Tandis que les habitants les saluent depuis la plage, Vaiana et ses compagnons mettent les voiles en suivant la comète qui brille dans le ciel.

De son côté, Maui est piégé dans les abysses. Ligoté à son hameçon, il tente de convaincre un banc de poissons de l'aider. Mais pour le moment, ces animaux se contentent de l'observer fixement.

– Entassez-vous ! leur crie-t-il.

Le demi-dieu a besoin des poissons pour se détacher. Au bout d'un moment, ceux-ci consentent à s'empiler les uns sur les autres en direction de l'hameçon. Malheureusement, une vague les fait vaciller !

Résigné, Mini-Maui, le tatouage animé du grand Maui, dessine un trait sur l'épaule du demi-dieu, à côté de la centaine d'autres qui y figurent déjà.

– Ne t'inquiète pas. Je vais nous sortir d'ici, lui promet Maui.

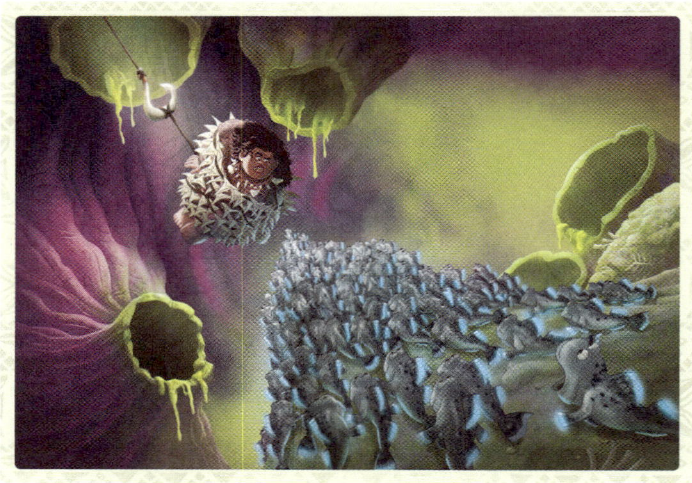

Chapitre 4

UNE MAUVAISE RENCONTRE

En mer, Vaiana constate que son équipage manque d'expérience.

– Avant d'atteindre Motufetù, commençons par apprécier le voyage, annonce-t-elle à ses compagnons.

Elle décide de leur enseigner les techniques de navigation, tout en partageant avec eux son amour pour l'Océan.

– Il est notre ami ! leur assure-t-elle.

Grâce aux conseils de Vaiana, Loto et Moni trouvent bientôt leurs marques. Sur le bateau, chacun apprend à travailler en équipe. Mais alors que tout se passe pour le mieux, la comète explose subitement dans le ciel, disparaissant de leur vue !

Un courant puissant entraîne la pirogue, la rendant impossible à diriger.

Soudain, à travers le brouillard, l'équipage discerne une forme à proximité.

– La terre ? suppose Kele, soulagé.

– C'est Motufetù ! s'écrie Moni.

– Serait-ce des gens que j'entends ? s'enthousiasme Loto.

– Il n'y a pas d'île et ce ne sont pas des gens, les corrige Vaiana.

Alors que la brume se dissipe, l'immense bateau des Kakamoras se dresse devant eux. La dernière fois que Vaiana a croisé leur route, ces petits pirates en armures de noix de coco l'ont attaquée !

– Bon, je ne veux pas vous faire paniquer, mais si les Kakamoras nous attrapent, ils nous tueront..., révèle la jeune femme à ses compagnons. Tenez-vous prêts !

Toutefois, à la surprise générale, le navire des Kakamoras les frôle sans s'arrêter.

L'équipage en comprend vite la raison en découvrant une gigantesque palourde qui aspire tout ce qui passe à sa portée !

– Je crois que je comprends maintenant pourquoi ce courant était aussi fort, affirme Loto.

Avec sang-froid, Vaiana manœuvre son embarcation pour s'éloigner du monstre marin. Plus petite et légère, sa pirogue dépasse les pirates. La jeune femme les salue ironiquement, avant de mettre les voiles loin du danger. Hélas, elle n'a pas le temps de se réjouir car elle heurte subitement un récif sous-marin. Brutalement mis à l'arrêt, les cordages de son bateau s'entremêlent à ceux du vaisseau Kakamora.

À l'abri du récif, les pirates en profitent pour partir à l'assaut. Kotu, le fils du chef des Kakamoras, vise Vaiana d'une fléchette paralysante. Aussitôt, elle s'amollit sous l'effet de la toxine.

– Hé ! Écoutez-moi ! proteste-t-elle. Nous menons une expédition chacrée ! Vous devez nous laicher partir...

Elle a de plus en plus de mal à articuler, car elle rencontre des difficultés à remuer les lèvres. D'autres flèches sont lancées sur les amis de Vaiana, qui se retrouvent également paralysés.

Seul Heihei parvient à passer entre les dards. Occupé à picorer de-ci de-là, il ouvre involontairement la voile. Elle se déploie, dévoilant le dessin de Motufetù qui la décore. À cet instant, le comportement des Kakamoras change radicalement. Ils transportent l'équipage de Vaiana sur leur bateau et acclament les humains !

– Que che pache-t-il ? balbutie la jeune femme, stupéfaite par ce revirement de situation.

Chapitre 5

DES ALLIÉS INATTENDUS

Lorsque les Kakamoras découvrent que Moni est l'auteur de ce dessin sur la voile, ils lui demandent de servir d'interprète. L'effet de la toxine s'atténuant, le jeune homme retrouve la parole. Il observe le dessin que les Kakamoras forment à partir de noix de coco et comprend qu'ils sont en train de raconter leur histoire. Le conteur traduit ensuite à ses amis que les pirates cherchent leur île d'origine, qui est près de Motufetù ! Ils en ont été chassés après la malédiction de Nalo, qui a brouillé les voies maritimes. Les Kakamoras pensent avoir enfin retrouvé le chemin de chez eux, mais, malheureusement, la palourde géante les empêche de naviguer dans cette direction. Si Vaiana et son équipage les aident à vaincre le monstrueux coquillage, ils pourront les conduire jusqu'à Motufetù.

Toutefois, il faut d'abord qu'ils se débarrassent de leur paralysie.

– Pourriez-vous nous rendre nos mouvements ? demande Vaiana aux Kakamoras.

Cela donne une idée à Loto ! Puisque la palourde n'est rien d'autre qu'un muscle géant, ils pourraient utiliser la toxine contenue dans les fléchettes pour la neutraliser.

Pendant ce temps, les pirates font venir un énorme blobfish sur le pont. Cette singulière créature glisse vers la jeune femme et ses amis. Une fois qu'elle les a enduits d'une substance gluante qui sert d'antidote, ils retrouvent enfin l'usage de leurs membres.

À présent, il est temps de passer à l'élaboration d'un plan. Vaiana demande aux Kakamoras de lui confier une arme empoisonnée, afin qu'elle puisse viser la palourde. Réticent, Kotu hésite à lui donner une lance.

– Je la prends, insiste-t-elle.

Il finit par la lui tendre à contrecœur.

– J'ai l'impression qu'il ne nous aime pas beaucoup, lui chuchote Kele. Nous, c'est-à-dire toi.

Vaiana et son équipage sont prêts. Après un salut militaire des Kakamoras, le groupe d'humains navigue vers la palourde, les pirates derrière eux, leurs deux embarcations toujours reliées par une corde.

Lorsque Vaiana s'apprête à viser l'intérieur du coquillage, la pirogue heurte à nouveau le récif et se soulève. Déséquilibrée, la jeune femme lâche son arme.

Alors que les deux bateaux sont sur le point d'être engloutis par la palourde, Kotu surgit et frappe le mollusque géant à l'aide de sa propre lance ! Aussitôt, la toxine agit, le monstre frémit et le récif s'effondre. C'est alors que le courant entraîne la pirogue en direction de la gueule béante du coquillage.

Tandis que ses valves commencent à se resserrer comme un étau, Vaiana demande à Kotu et aux Kakamoras de les ramener vers leur bateau-mère.

– Tirez sur la corde, il faut partir de là !!! hurle-t-elle, déterminée à sauver ses amis.

Mais au lieu de les secourir, Kotu s'immobilise.

– QU'EST-CE QUE TU FAIS ?! s'indigne-t-elle.

En guise de réponse, le pirate sectionne la corde pour sauver son peuple. Le bateau des Kakamoras s'éloigne tandis que la pirogue des humains est instantanément aspirée par la gueule de la palourde, qui se referme bruyamment.

Chapitre 6

EN ROUTE VERS L'INCONNU

Alors que les humains et Kotu glissent à l'intérieur du mollusque, Vaiana est éjectée de la pirogue et disparaît dans la brume ! Ses compagnons tentent de rester à bord, mais ils sont à leur tour projetés dans le vide.

Lorsqu'ils se relèvent, ils constatent qu'ils se trouvent sur un sol étrange. Une voix les interpelle soudain :

– Puis-je avoir de l'aide ?

– Mauiiiiiiii ?! s'exclame Moni en le reconnaissant.

Ce dernier a toujours rêvé de rencontrer le demi-dieu, héros des plus grandes légendes qu'il aime tant raconter. Maui explique au petit groupe qu'il est prisonnier dans le coquillage géant depuis très longtemps. Dès que l'équipage le libère de ses liens, le demi-dieu reprend son hameçon et accompagne le petit groupe à la recherche de Vaiana.

Isolée, celle-ci est en train de repousser une nuée de chauves-souris, quand, soudain, Matangi surgit ! Sur la défensive, Vaiana brandit sa pagaie.

– Détends-toi. Je ne mords pas, l'apaise la demi-déesse.

Puis elle commence à évoquer la malédiction de

Nalo et l'île perdue de Motufetù. Intriguée, Vaiana l'interrompt :

– Vous connaissez le chemin vers Motufetù ?

– Tu penses vraiment que connaître le chemin est le seul moyen de se rendre quelque part ? se moque-t-elle.

Matangi emmène ensuite Vaiana en exploration, se glissant dans des tunnels à l'intérieur de la palourde. Elle essaie de désorienter la jeune femme, tout en l'encourageant à se perdre et à marcher vers l'inconnu.

– Pourquoi devrais-je vous écouter ? l'interroge Vaiana, suspicieuse.

– Parce que tant que tu n'auras pas brisé la malédiction... il me sera impossible de sortir de cet endroit, lui confie la demi-déesse.

À présent, Vaiana s'intéresse réellement aux paroles de Matangi :

– Plonger dans l'inconnu sera la seule façon d'ouvrir de nouvelles routes et de trouver ta voie, Vaiana, lui explique-t-elle.

Peu à peu, les conseils de la demi-déesse commencent à prendre sens dans l'esprit de l'exploratrice.

De leur côté, les amis de Vaiana continuent à la chercher sans relâche. Le puissant Maui porte la pirogue à bout de bras pour avancer plus vite. Il sursaute en apercevant une nuée de chauves-souris voler au loin et devient plus inquiet encore… il sait exactement ce que cela signifie :

– Elle l'a trouvée.

De plus en plus fascinée par Matangi, Vaiana décide de lui faire pleinement confiance. Pour la première fois, elle accepte de s'abandonner à l'inconnu et se laisse emprisonner dans le cœur d'une perle scintillante. Elle n'éprouve aucune peur, elle se laisse guider par la voix de la demi-déesse, qu'elle n'entend plus que comme un lointain écho :

– Perds-toi, exploratrice...

Soudain, Maui, l'équipage et Kotu les rejoignent. Ils repèrent Vaiana enfermée à l'intérieur de la perle, mais cette dernière ne les remarque pas, car elle continue à explorer l'inconnu.

– Laisse-la sortir, ordonne le demi-dieu en menaçant Matangi de son hameçon.

Continuant sa progression, Vaiana découvre une porte dissimulée. Serait-ce le moyen de s'échapper de la palourde ? Lorsqu'elle parvient enfin à la déverrouiller, la perle qui la retenait prisonnière vole en éclats. Fumée et brume se lèvent, tandis que Maui et l'équipage sont aspirés avec la jeune femme à travers le portail qu'elle vient d'ouvrir.

Chapitre 7

SUR LA MER MAUDITE

Si Vaiana est heureuse de retrouver son équipage, elle est aussi surprise de revoir le demi-dieu !

– Maui ?! s'exclame-t-elle.

Hélas, ce dernier la prévient immédiatement que sa mission est vouée à l'échec.

– Nalo n'a pas caché Motufetù dans une simple tempête. Il l'a enfouie dans UNE MONSTRUEUSE TEMPÊTE, dont il est IMPOSSIBLE DE SORTIR, puis il l'a fait couler au fond d'une mer maudite. Et c'est justement là-bas que Matangi nous envoie, résume-t-il.

La pirogue jaillit du portail, avant de retomber en pleine mer. Vaiana et son équipage examinent les alentours, surpris. Vaiana finit par lâcher un petit rire nerveux. Son ami aurait-il encore été inutilement dramatique ?

– Écoute, Maui..., commence-t-elle, cet endroit me paraît parfaitement... agréable.

À son soulagement, elle aperçoit dans le ciel briller la constellation qui leur permettra de s'orienter.

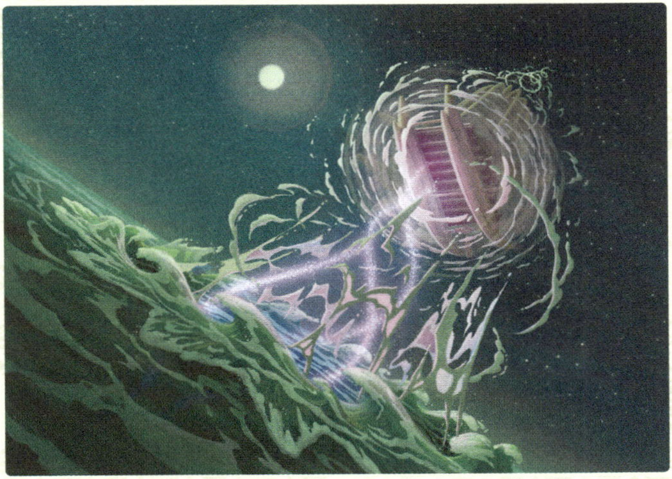

Par habitude, elle se penche pour communiquer avec l'Océan, mais celui-ci ne lui répond pas.

– Vaiana... L'Océan... ne peut pas t'aider ici, insiste Maui.

La jeune femme comprend alors qu'ils sont piégés ! Elle s'efforce de ne pas céder au désespoir et reprend même courage en apercevant une lumière à l'horizon. Elle pense aussitôt à Grand-mère Tala.

Hélas, une anguille titanesque jaillit hors de l'eau, prête à l'attaque. Maui affronte le monstre dont le corps émerge davantage. Terrifiée, Vaiana tente de le seconder, même si aucun de ses efforts ne semble porter ses fruits. Pendant ce temps, l'équipage est ballotté sur la mer houleuse. Alors que Vaiana évite une attaque de la créature, une deuxième, cachée sous la surface, heurte la pirogue par en dessous !

Le bateau fait des embardées avant d'être projeté sur le rivage d'une île occupée par le squelette d'une anguille géante.

Par chance, tout le monde est sain et sauf, malgré quelques contusions et un épuisement général. Vaiana s'efforce à nouveau de rester positive. Elle se tourne vers ses amis et Kotu :

– Nous trouverons une solution ! leur promet-elle.

Tout à coup, Loto désigne aux autres une épave de pirogue échouée. En examinant la voile, Vaiana la reconnaît immédiatement.

– C'est la pirogue de Tautai Vasa…, fait-elle remarquer.

Voilà où le voyage de son ancêtre s'est achevé, sans qu'il n'atteigne Motufetù.

– Ce n'est sans doute pas le moment de te rappeler que je t'avais prévenue…, commence Maui.

Accablée, la jeune femme est incapable d'en entendre davantage. Elle préfère s'éloigner tandis que Mini-Maui dessine un tatouage pour réprimander le demi-dieu, qui a manqué de tact selon lui.

Vaiana se dirige vers le bord de cette mer étrange et s'assoit, tourmentée par de tristes pensées. Elle se demande si c'est la fin de leur périple, s'ils réussiront un jour à quitter cet endroit de mort et de désolation. Maui s'approche d'elle et s'installe à ses côtés, s'efforçant de la réconforter.

Chapitre 8

LA TEMPÊTE

Puisque ses paroles ne parviennent pas à remonter le moral de son amie, Maui se transforme en faucon. Il saisit ensuite Vaiana entre ses serres et l'emporte dans le ciel.

Tout en volant, il lui rappelle tout le chemin qu'elle a déjà parcouru. Elle ne peut pas abandonner, pas maintenant. Elle doit continuer ! Peu à peu, la jeune femme se remémore qui elle est et ce qu'elle doit encore accomplir. Gagnée par l'espoir, elle se sent prête à reprendre sa mission.

Quand elle revient auprès de son équipage et de Kotu, elle est surprise et émue de constater qu'ils ont réparé leur pirogue en utilisant des pièces récupérées sur celle de Tautai Vasa. Vaiana les informe qu'ils devront naviguer jusqu'au cœur de la tempête qui enserre Motufetù. Là, Maui lancera son hameçon pour attraper l'île et pourra la hisser sur les flots. Toutefois, la jeune femme ne cache pas que cette opération sera extrêmement périlleuse.

– Si quelqu'un veut rester ici..., commence-t-elle.

Malgré sa mise en garde, personne n'hésite. Ses amis et Kotu se rangent derrière elle. Ensemble, ils sont résolus à briser la malédiction de Nalo.

Grâce au repère de la constellation, le groupe met le cap en direction de Motufetù. Moni jette un œil à son parchemin qui montre l'île surmontée d'un cyclone.

– Cette histoire est peut-être fausse, espère-t-il.

En guise de réponse, un coup de tonnerre assourdissant retentit ! Pour rassurer ses compagnons, Vaiana leur rappelle qu'ils ont déjà affronté d'autres tempêtes. Mais celle-ci enfle rapidement. De gigantesques vagues se forment, aussi hautes que des montagnes. Des trombes d'eau s'abattent sur la pirogue, tandis que de vifs éclairs illuminent le ciel.

Soudain, une extrémité du typhon frappe l'eau, faisant surgir des vagues plus immenses encore. Sans hésiter, Maui s'élance dans la tornade en brandissant son hameçon. Il combat la tempête, tente de la repousser. De leur côté, Vaiana et son équipage manœuvrent la pirogue afin d'éviter le naufrage.

Mais les efforts de Maui ne sont pas suffisants, car l'ouragan se régénère en permanence, toujours plus violent.

– C'est de la triche ! s'indigne le demi-dieu.

Vaiana frémit en se rappelant que le but de Nalo est de séparer les humains.

– Il ne veut pas que nous l'arrêtions ! se lamente-t-elle.

Elle comprend qu'ils doivent changer de stratégie et agir ensemble. C'est le seul moyen de lever la malédiction ! Elle annonce à Maui qu'elle et ses compagnons s'occuperont d'affronter la tempête. Pendant qu'ils feront diversion, le demi-dieu pourra atteindre Motufetù.

– Si je comprends bien, tu veux servir d'appât...

à une monstrueuse tempête créée par un dieu ? répète Maui.

Même s'il n'aime pas du tout cette idée, il a foi en son amie.

– Nous pouvons réussir, insiste Vaiana.

– Alors va aussi vite que tu peux, recommande Maui en s'envolant dans l'orage.

C'est le moment que choisit Loto pour abattre le mât, sous les yeux incrédules de l'équipage.

– Bingo, bango ! s'écrie-t-elle, une idée bien précise en tête.

Elle révèle ensuite à ses compagnons la nouvelle voile qu'elle a conçue. Celle-ci permet au bateau d'être plus rapide !

Chapitre 9

DANS L'ŒIL DU CYCLONE

De son côté, Maui lutte pour se frayer un chemin vers le cœur de la tempête, tout en esquivant la foudre. Lorsqu'il aperçoit un éclair qui vise l'embarcation de son amie, il accélère. Il doit atteindre l'œil du cyclone le plus vite possible, sinon, Nalo risque de le repérer. Bientôt, il parvient au centre de la tempête et plonge sous l'eau pour rejoindre Motufetù ! Cependant, dès qu'il lance son hameçon sur l'île pour la remonter, la tempête rugit et dirige sa puissance contre lui.

Sur la pirogue, Vaiana remarque immédiatement qu'elle n'est plus la cible de Nalo. Cela signifie que le dieu a reporté sa colère sur Maui. Quand celui-ci réapparaît à la surface, la jeune femme voit qu'il est à nouveau pris pour cible par la foudre. Aussi tente-t-elle à nouveau d'attirer la tempête dans sa direction, ce qui déplaît fortement à Maui.

– Je tiens l'île ! hurle-t-il à Vaiana. Reste en dehors de ça !

Tout en étant attaqué par le cyclone, le demi-dieu commence à tirer Motufetù de toutes ses forces.

– Il va réussir..., souffle Moni.

Hélas, à cet instant, la foudre parvient à frapper Maui !

Nalo libère toute sa puissance. Le cyclone arrache les tatouages du demi-dieu jusqu'à ce qu'une terrible secousse le projette au loin.

– MAUI ! hurle Vaiana.

Son cri détourne l'attention de la tempête. En furie, elle tourbillonne autour de l'exploratrice et son équipage, les engloutissant dans une chape d'obscurité !

Refusant de renoncer, Vaiana cherche une solution.

– Maui n'a pas besoin de remonter l'île pour briser la malédiction, réfléchit-elle avec calme. Il y a un autre moyen...

Se souvenant des paroles de Matangi, elle décide de se lancer dans l'inconnu. Elle plonge dans les flots déchaînés et nage en s'enfonçant dans les ténèbres, en direction de Motufetù.

À la surface, un éclair illumine le ciel, permettant à l'équipage de la pirogue de repérer Maui. Tous unissent leurs forces pour le remonter à bord. Petit à petit, les tatouages réapparaissent sur la peau du demi-dieu. Bien que très affaibli par son combat contre la tempête, le demi-dieu retourne dans l'eau quand il comprend où se dirige Vaiana. Hors de question qu'il abandonne son amie !

Cette dernière est désormais la cible privilégiée de la fureur de Nalo. Le dieu vengeur cherche à l'atteindre de ses éclairs. Mais la jeune femme continue à nager aussi vite qu'elle le peut en direction de l'île. Elle commence à suffoquer, ses muscles s'affaiblissent. Elle a conscience qu'elle risque de ne jamais revoir Motunui, qu'elle est sans doute en train de vivre son ultime voyage. Pourtant, elle ne renoncera pas si près du but. Puisant dans ses dernières forces, elle s'abandonne à son intuition.

Elle tend le bras, l'étoile de Simea dans la main, et la dépose sur Motufetù.

Aussitôt, une explosion de lumière l'entoure. Grâce à son geste, Vaiana a touché l'île, elle a réussi à briser la malédiction ! Maintenant que le sortilège de Nalo est levé, l'Océan peut revenir. Il tourbillonne de toutes parts, repoussant les eaux maudites par le dieu. Alors que Maui rattrape la jeune femme qui a perdu connaissance et qu'il la dépose sur le sable, l'Océan les encercle d'une bulle protectrice.

Chapitre 10

LE RETOUR DE MOTUFETÙ

Hélas, la jeune femme demeure inconsciente. Les esprits de ses ancêtres, dont Tautai Vasa, se joignent alors à Maui. Ensemble, ils veillent Vaiana et l'enveloppent de leur amour et de leur fierté. Portée par cet élan, la jeune femme revient à elle.

Maintenant que la tempête est calmée, Maui peut enfin remonter Motufetù à la surface. Après s'être attaché au soleil, il tire sur l'île de toutes ses forces, sous les encouragements de Vaiana, qui se tient au sommet, victorieuse.

Quelques efforts plus tard, l'île est à nouveau à sa place, au carrefour des routes maritimes. Avec fierté, Vaiana contemple l'étendue de l'Océan. Enfin, elle souffle dans sa conque. Son appel résonne au loin, portant le message du retour de Motufetù. Aussitôt, les explorateurs alentour font voile vers l'île. Grâce à ce repère, les peuples des îles pourront à nouveau se retrouver et échanger !

Sa mission achevée, Vaiana rejoint ses amis, qui ont atteint le rivage. Son équipage l'acclame et célèbre le succès de leur voyage. Maui les serre dans ses bras. Même Kotu laisse éclater sa joie !

Puis Vaiana part à la rencontre des explorateurs qui se rassemblent sur le rivage. Ils font connaissance, créant de nouveaux liens. Si la jeune femme est fière de présenter Motunui, elle est aussi impatiente d'en apprendre davantage sur les endroits inconnus d'où viennent les autres vaisseaux. Pour sceller cette amitié renouvelée entre les peuples, chacun dépose un symbole de son île au sommet de Motufetù, autour de l'étoile de Simea.

Après cet émouvant rassemblement, il est temps pour l'équipage de Motunui de rentrer à la maison. En chemin, Kotu retrouve les Kakamoras, qui peuvent enfin regagner leur île d'origine.

Au terme d'un voyage beaucoup plus paisible qu'à l'aller, la pirogue finit par s'approcher des côtes de Motunui. En chemin, d'autres explorateurs se sont joints à Vaiana et ses amis, afin de découvrir leur île. Quant à Maui, il s'envole vers Simea, dont sa grande sœur lui a parlé. Dès qu'il l'aperçoit, il s'approche d'elle. Nullement impressionnée, la fillette attrape alors le demi-dieu par l'oreille.

– Je suis Simea… de Motunui, se présente-t-elle.

– Tu es bien comme elle ! admet Maui, qui retrouve en la petite fille l'exact portrait de son aînée.

Il lui révèle qu'il a un cadeau de la part de Vaiana et lui offre un coquillage rond troué en son centre.

– Comme ça, vous serez toujours ensemble, lui explique-t-il.

Quand Simea regarde au travers, elle voit sa sœur et son équipage franchir la barrière de corail !

Quelques instants plus tard, l'enfant court sur la plage.

– Grande sœur ! s'exclame-t-elle.

– Petite sœur ! répond Vaiana.

La fillette saute dans ses bras, la serrant de toutes ses forces. Puis le chef Tui et Sina se joignent à elles. Toute la famille s'étreint, reconnaissante d'être réunie.

Vaiana est heureuse de revoir les siens et son île. Mais elle pense déjà aux rivages inconnus qu'elle pourra explorer et aux nouvelles personnes qu'elle va rencontrer. La grande exploratrice est prête pour sa prochaine aventure !